BEI GRIN MACHT SICH IHR WISSEN BEZAHLT

- Wir veröffentlichen Ihre Hausarbeit,
  Bachelor- und Masterarbeit

- Ihr eigenes eBook und Buch -
  weltweit in allen wichtigen Shops

- Verdienen Sie an jedem Verkauf

Jetzt bei www.GRIN.com hochladen und kostenlos publizieren

Anna Theresa Wendel

Die Sprachverhältnisse der Juden in Isaak Euchels Komödie "Reb Henoch", oder: "Woß tut me damit"

GRIN Verlag

Bibliografische Information der Deutschen Nationalbibliothek:

Die Deutsche Bibliothek verzeichnet diese Publikation in der Deutschen National-
bibliografie; detaillierte bibliografische Daten sind im Internet über http://dnb.d-
nb.de/ abrufbar.

Impressum:

Copyright © 2013 GRIN Verlag GmbH
Druck und Bindung: Books on Demand GmbH, Norderstedt Germany
ISBN: 978-3-656-35965-4

Dieses Buch bei GRIN:

http://www.grin.com/de/e-book/208511/die-sprachverhaeltnisse-der-juden-in-isaak-
euchels-komoedie-reb-henoch

GRIN - Your knowledge has value

Der GRIN Verlag publiziert seit 1998 wissenschaftliche Arbeiten von Studenten, Hochschullehrern und anderen Akademikern als eBook und gedrucktes Buch. Die Verlagswebsite www.grin.com ist die ideale Plattform zur Veröffentlichung von Hausarbeiten, Abschlussarbeiten, wissenschaftlichen Aufsätzen, Dissertationen und Fachbüchern.

Besuchen Sie uns im Internet:

http://www.grin.com/

http://www.facebook.com/grincom

http://www.twitter.com/grin_com

Die Sprachverhältnisse der Juden
in Isaak Euchels Komödie
Reb Henoch, oder: Woß tut me damit

INHALTSVERZEICHNIS

1. EINLEITUNG

Isaak Euchel verfasste um 1793 seine Komödie *RebHenoch, oder. Woß tut me damit,* „in welcher der Gebrauch unterschiedlicher Sprachen und Idiome nebeneinander, darunter Jiddisch, Hebräisch und Hochdeutsch, auf humorvolle Weise der Zeichnung der auftretenden Figuren und ihrer Konflikte untereinander dient." (Gruschka 2004, S.45)

Euchel wuchs in einer Umbruchzeit auf, in der die Umgangssprache der Juden, das Westjiddische, immer mehr zugunsten des Deutschen verdrängt wurde. „Es war eine Zeit in der die Mehrheit der Juden weder gutes Deutsch noch gutes Hebräisch sprachen." (Aptroot et al. 2010, S.10) Diese damalige linguistische Umbruchsituation bildet den Rahmen für sein Stück *RebHenoch.* (Strauss 2010, S.343)

Im Folgenden möchte ich nun auf die linguistischen Eigenheiten der Juden im Stück eingehen und habe hierzu exemplarisch drei Charaktere ausgewählt: RebHenoch, dessen Tochter Hedwig und den Studiosus Markus. Doch zunächst soll eine kurze Einführung in die Zeit der jüdischen Aufklärung und die damalige Situation der Juden in Deutschland gegeben werden. Anschließend werde ich auf den Autor und sein Stück eingehen. Nach der Analyse der sprachlichen Besonderheiten folgt ein kurzes Fazit.

1.1 DIE JÜDISCHE AUFKLÄRUNG UND DIE DAMALIGE ENTWICKLUNG DER SPRACHVERHÄLTNISSE DER JUDEN IN DEUTSCHLAND

Vor Beginn der Aufklärung, Anfang des 18.Jahrhunderts bildeten die aschkenasischen Juden in Deutschland eine eigene ethnoreligiöse Gruppe mit Jiddisch als Muttersprache und dem Gebrauch des Hebräischen als Zweitsprache. (vgl. Gruschka 2004, S.45) Sie grenzten sich durch den Gebrauch des Jiddischen von anderen ethnischen Gruppen im Land ab und nahmen die Sprache als Teil ihrer Identität wahr.[1] Ähnlich wie das Latein bei den Christen, war Hebräisch die traditionelle Hochsprache der aschkenasischen Juden. Doch viele beherrschten die Sprache „mehr schlecht als recht" (Gruschka 2004, S.46), da diese eher beiläufig gelernt wurde. „Nur wenige – überwiegend Angehörige der traditionellen Gelehrtenelite – brachten es darin weit." (Gruschka 2004, S.46) Auf Jiddisch fanden die alltäglichen Gespräche statt, wohingegen Hebräisch eher im religiösen Zusammenhang von Bedeutung war. „Das Deutsch der Christen beherrschten die meisten Juden nur soweit, wie es der praktische Umgang erforderte." (Gruschka 2004, S.47)

Diese sprachlichen Verhältnisse begannen sich nun ab 1700 zu verändern. Der Gebrauch des Hochdeutschen wurde in immer mehr Bereichen vom Staat verlangt. Die sprachliche

---

[1] Im deutschen Sprachraum benutzen sie das Westjiddische, einen Dialekt des Jiddischen, wohingegen man in Osteuropa Ostjiddisch sprachen. Diese Dialekte waren nochmals in verschiedenen Varietäten und Mundarten gegliedert. (vgl. Gruschka 2004, S.46)

Assimilation der Juden wurde eine Bedingung für die Gewähr deren bürgerlicher Rechte. (vgl. Gruschka 2004, S.47) Auch Strauss merkt an, dass „innerhalb der jüdischen Minderheit [...] die Beherrschung der deutschen Sprache zunehmend wichtiger [wurde]." (Strauss 2010, S.341)

Um 1770 entstand eine jiddische Aufklärungsbewegung, die *Haskala*.[2] Die jüdischen Aufklärer wollten „eine gleichsam doppelte ‚nationale‘ Identität als Juden und gleichberechtige Staatsbürger." (Gruschka 2004, S.51) In diesem Sinne konnte es für moderne emanzipierte Juden in Deutschland nur zwei Sprachen geben: Hebräisch für die religiösen Belangen und Hochdeutsch für die Teilnahme am öffentlichen und bürgerlichen Leben im Land. (vgl. Aptroot/ Gruschka 2010, S.83)

Es begann ein Wandel, denn viele Juden „suchten über das Erlernen des Hochdeutschen und anderer Sprachen Anschluß an die europäische bürgerliche Kultur. [...] Juden begannen sich nun auch untereinander auf Hochdeutsch zu verständigen." (Gruschka 2004, S.47) Doch da der Erwerb des Deutschen als Prozess stattfand, wies das Hochdeutsche der Juden zunächst noch starke Interferenzen mit dem Jiddischen auf. (vgl. Gruschka 2004, S.47 ff.)

„Für das Jiddische war im Weltbild der jüdischen Aufklärer kein Platz. Jiddisch galt ihnen als eine ‚verdorbene Sprache‘, als ein Gemisch aus schlechtem Deutsch und Hebräisch, als ein Jargon, der in ihren Augen nicht nur Symptom der kulturellen Rückständigkeit der Juden war, sondern auch Ursache für einen für sie offenkundigen moralischen Verfall." (Aptroot/ Gruschka 2010, S.84)

Es galt als niedrigstehende Mundart und war dem Hochdeutschen, sowie dem Hebräischen nicht ebenbürtig.[3] (vgl. Gruschka 2004, S.51) „Das Jiddische galt den Maskilim als ein Symptom kultureller Rückständigkeit." (Gruschka 2004, S.52) Es wurde „allenfalls auf den informellen und privaten Sprachgebrauch" (Gruschka 2004, S.53) beschränkt und sank immer mehr „auf den Status einer niedrigen, nur noch gesprochenen Varietät herab." (Aptroot/ Gruschka 2010, S.82) Man war der Ansicht, dass man nur „über eine ‚reine‘ Hochsprache [...] wahre Bildung erlangen [konnte], aus der dann alles weitere von allein folge." (Gruschka 2004, S.53)

Gruschka sagt aber, dass es falsch ist den jüdischen Aufklärern die Schuld am Rückgang des Jiddischen zu geben, da die sprachliche Assimilation der Juden bereits lange vor der Haskala

---

[2] Zentrum dieser Bewegung war im Berlin, wo sich jüdische Intellektuelle und gebildete Vertreter der neuen jüdischen Mittelschicht um den berühmten Philosophen Moses Mendelsohn (1792-1786) versammelten. „Die Anhänger der Haskala, die Maskilim, traten für eine religiöse, kulturelle und soziale Erneuerung des Judentums und die volle bürgerliche Emanzipation ein." (Aptroot/ Gruschka 2010, S.83)

[3] Da man nur wenige konkrete Verweise darüber hat warum genau das Jiddische abgelehnt wurde, kann man davon ausgehen, dass für die aufgeklärten Juden, die Maskilim, die vorherrschenden Ansichten der deutschen Sprachnormierer ausschlaggebend waren, welche alles Mundartliche als defekt oder defizitär einstufen. (vgl.Gruschka 2004, S.52)

begonnen hat und einer „allgemeingesellschaftlichen Dynamik" folgt. (Gruschka 2004, S.52 ff.)

1.2 ISAAK EUCHEL UND SEIN WERK *REBHENOCH, ODER: WOβ TUT ME DAMIT*

Isaak Abraham Euchel wurde 1756 in Kopenhagen geboren und starb 1804 in Berlin. Er war einer der bedeutendsten Vertreter der jüdischen Aufklärungsbewegung Haskala.(vgl. Kennecke 2007) Aptroot sagt über Euchel: „[Er] war ein Multitalent, er war Verleger und Kaufmann, Autor, Herausgeber und Übersetzer, schrieb in Deutsch, Hebräisch und Jiddisch […]." (Aptroot et al. 2010, S.7) Zudem sei er „ein Pionier der jüdischen Aufklärungsbewegung" gewesen. (Aptroot et al. 2010, S.7)

Das Stück *RebHenoch* ist „ein satirisches ‚Familiengemälde' mit Elementen des ‚rührenden Lustspiels und Lessingscher Dramaturgie. […] Ort und Zeit der Handlung werden nicht ausdrücklich genannt." (Gruschka 2004, S.55) Durch einige Anspielungen lässt sich aber erkennen, dass die Komödie zwischen 1792 und 1793 in einer preußischen Großstadt spielt.[4] (vgl. Gruschka 2004, S.56)

Die Aufklärungskomödie ist eine Ansammlung von Klischees und Stereotypen. (vgl. Och 2010, S.283) Sie wurde für ein jüdisches Publikum verfasst und soll die Missstände der jüdischen Gesellschaft im Preußen des späten 18. Jahrhundert anprangern. (vgl. Aptroot/ Gruschka 2010, S.85) Die Komödie beschäftigt sich „mit der Krise, die die fortschreitende Akkulturation und Modernisierung innerhalb der jüdischen Familien verursacht, sowie den Zusammenstoß zwischen den unterschiedlichen Werten der Generationen." (Strauss 2010, S.353) Zudem benutz Euchel eine intendierte Zuordnung von Sprache und Rollen und schuf so „einen Sprachenkosmos aus Jiddisch, Hochdeutsch, deutschen Dialekten, Hebräisch, Englisch, Französisch, dem gebrochenen Deutsch von Ausländern, Sprachgemischen, intellektuellem Jargon und schöngeistigem Gerede." (Gruschka 2004, S.57)„Sprachwandel und Sprachkompetenz [waren] Anzeichen für den Grad der erreichten Akkulturation" (Gruschka 2004, S.55) und daher war die Einbeziehung der Mehrsprachigkeit für eine möglichst zutreffende Beschreibung der Personen im Stück erforderlich. „In *RebHenoch* treten auch Figuren auf, die zwischen den Registern und Sprachen, zwischen reinem Deutsch und echtem Jiddisch wechseln oder aber Sprachen und Dialekte miteinander vermischen." (Aptroot/ Gruschka 2010, S.85) Auch die Nichtjuden in Berlin hatten damals vielschichtige Sprachverhältnisse, was Euchel in seinem Werk aufnimmt. (vgl. Gruschka 2004, S.56) Es wird „die Sprachenvielfalt einer bereits modernen multikulturellen Metropole mimetisch

---

[4]Durch den Gebrauch eines Berlinisch gefärbten Deutsch, lässt sich auf Berlin als Handlungsort schließen. (vgl. Gruschka 2004, S.56)

abgebildet." (Och 2010, S.287) Die Komödie gilt als sprachgeschichtliches Zeugnis der damaligen Zeit.

Obwohl Euchel als aufgeklärter Jude die jiddische Sprache herablassend betrachtete, sagt Bechtel, dass er „ seine Komödie nicht in erster Linie als ausgesprochene Waffe gegen die jiddische Sprache verfaßte." (Bechtel 2004, S.21) Vielmehr griff er das Jiddische als sprachliches Mittel auf um vor allem der jüdischen Gesellschaft den Spiegel vorzuhalten. (vgl. Bechtel S.21). Zudem schöpft Euchel „die stilistische Vielfalt und den Ausdrucksreichtum des lebendigen gesprochenen Westjiddisch mit sichtlicher Freude am Wortwitz und am Spiel mit der Sprache voll aus." (Aptroot/ Gruschka 2010, S.85)

„Der Kosmos der handelnden Personen […] beruht auf den Kategorien von Typen in der jüdischen Gesellschaft, die Halle-Wolfsohn[5] in seiner Schrift Jeschurun[6] charakterisiert." (Strauss 2010, S.353) Dabei ist die Darstellung der Judenfiguren sehr komplex. „In der Zeichnung der Judengestalten dienen Sprachkenntnisse und Sprachgebrauch als Ausweis der Sozialisation sowie der kulturellen Orientierung." (Gruschka 2004, S.57)

Och sagt hierzu, dass Euchel ganz bewusst eine „sprachkritische Tendenz" (Och 2010, S.278) in sein Stück eingebaut hat. Man kann ihm diese Intention zuschreiben, da „wesentliche Formelemente seines RebHenoch tatsächlich nur unter dieser Vorgabe zu verstehen sind." (Och 2010, S.278)

2. DIE LINGUISTISCHEN EIGENHEITEN DER JUDEN IM STÜCK

2.1 DER TRADITIONELLE JUDE: REBHENOCH

RebHenoch, ein wohlhabender Kaufmann, der auch gleichzeitig auch Namensgeber des Stücks ist, steht für die traditionelle Lebensweise der Juden. (vgl. Strauss 2010, S.354) Der Typenkategorie von Halle-Wolfsohn nach zu urteilen verkörpert er den rabbinisch orthodoxe Juden, der wie folgt beschriebene wird: „Ihr Herz ist gut, obschon ihr Verstand nicht durch gehörige Erziehung ist gebildet worden." (Strauss 2010, S.353)

Seine Figur steht für die ältere Generation, denn für ihn steht außer Frage, dass ein Jude Jiddisch spricht, wie man zum Beispiel in Szene III, 18 sieht: „Worum red ihr nitjidisch? – Ich bin a jid." (Warum redet er nicht Jiddisch? Ich bin ein Jude.).Er spricht durchgängig ein sehr idiomatisches (West-) Jiddisch und flechtet talmudische Sprichwörter und hebräische Zitate in seine Rede ein. (vgl. Gruschka 2004, S.61)

---

[5]Aaron Halle-Wolfssohn (gebore zwischen 1754 oder 1756 vermutlich in Halle, gestorben 1835 in Fürth) war ein deutsch-jüdischer Autor und Vertreter der jüdischen Aufklärung. Zu Halle-Wolfssohns wichtigsten Werken zählen die Programmschrift *Jeschurun, oder unparteyische Beleuchtung der dem Judenthume neuerdings gemachten Vorwürfe* (1804), sowie die Komödie *Leichtßin und Frömmelei* (1796). (vgl. Strauss 1999)

Zudem reagiert er auf neumodische Sprechweisen mit Abwehr und einem Unverständnis, was mangelnde Allgemeinbildung und fehlende Sprachkenntnisse zeigt. Man kann das deutlich in Szene I,7 erkennen, als er über den Student Markus, der ein perfektes Hochdeutsch spricht sagt: „Wi tut der mir mit sain loschen sou wie!" (Wie sehr er mir mit seiner Sprache wehtut!").

„Das Hochdeutsch der Gebildeten mit seinen neu aufkommenden Begriffen, insbesondere die zahlreichen gängigen französischen Ausdrücke jener Zeit, sind ihm völlig fremd. Moderne Fremdsprachen wie Französisch oder Englisch beherrscht er nicht im Geringsten." (Gruschka 2004, S.62)

Zudem ist er gegen das Erlernen von Grammatik und sagt hierzu:„Unser oweß-awoußeinu sennen ohne dikdek fertig geworen, kenen mir ahchderohnsain." (Unsere Väter sind schon ohne Grammatik ausgekommen, da können wir auch darauf verzichten.). (I,3)

Och beschreibt RebHenoch als den „engstirnigen und gleichzeitig permanent überforderten Patriarchen, der mit der leitmotivischen Redensart ‚Woß tut me damit' immer wieder seine Hilflosigkeit unwillentlich eingesteht." (Och 2010, S.286) In Szene II,7 drückt er mit seiner Phrase „Woß tut me damit" Überforderung aus, da das geplante Schabbesfest zu Beginn nicht ganz nach seinen Vorstellungen verläuft.

Zudem legt Henoch in Szene III,9 einen Bibelvers unsinnig aus und zeigt so, dass ihm das tiefere Verständnis für die Sprache der Bibel, dem Hebräischen, fehlt. (vgl. Strauss 2010, S.356)

„In seiner Komödie beschuldigt Euchel die kurzsichtige Generation der Eltern, dass sie die maskilische Option und ihre Modernisierungsstrategien abgelehnt hatten." (Feiner 2010, S.25) Jiddisch wird hier „als Element der Figurenzeichnung" verwendet und weißt hier auf „ein natürliches Zeichen einer rückwärts gewandten Mentalität" hin. (Aptroot/ Gruschka 2010, S.85)

2.2 DIE LEICHTSINNIGE: HEDWIG

Henochs jüngste Tochter, Hedwig (bzw. Hodeß, wie sie ursprünglich heißt) „ist die Verkörperung der falsch Verstandenen Aufklärung [...]. Sie übernimmt die Begrifflichkeiten der Aufklärung ohne sie wirklich zu verstehen." (Strauss 2010, S.354) Ihre Figur steht für die Kategorie der Afteraufgeklärten, die „voll Eigendünkels auf rapsodische Kenntnisse und modische Politur; sie glauben sich aufgeklärt, und sind finsterer als ihre Väter." (Strauss 2010, S.353)

Wie auch die anderen Leichtsinnigen oder falschen Aufgeklärten im Stücksprichtsie Deutsch. „Aber ihre Redeweisen offenbaren Halbbildung und lassen die vermeintlich erlangte Kultur als unecht erscheinen" (Gruschka 2004, S.61)

Hedwig ist „sehr gutmütig, bekam von ihrem Bruder [aber] nur oberflächliche Begriffe von der Aufklärung vermittelt, die sie selbst nicht versteht" (Bechtel 2004, S.28), was man zum Beispiel daran sehen kann, dass sie denkt Kant sei ein Ort in Polen. (II,4)

Sie wird als „albernes Geschöpf" (III, 7) beschrieben und ihr Deutsch hat einen deutlich berlinischen Einschlag, dabei ist sie sich ihren Dialektismen aber nicht bewusst („will ich ooch gerne glooben", „Ick"). (II,3) „Hedwig fällt auch immer wieder in den Berliner Dialekt, auch oder vor allem, wenn sie sich über das Jiddisch anderer mokiert." (Strauss 2010, S. 360)

Sie bedient sich „Floskeln aus sentimentalen Romanen der Zeit" (Strauss 2010, S.359) und zitiert diese: „'Salz ist die Würze der Speise', sagt JulchenGrünthal."[7](I,3) Strauss beschreibt ihre Sprechweise als „pseudovornehmer Gebrauch der deutschen Sprache." (Strauss 2010, S.360)

Außerdem bedient sich Hedwigs des Französischen: „Der Gebrauch von Französisch, der Sprache der Revolution, bedeutet hier die absolute Akkulturation die säkularisierte Welt der universalen Aufklärung." (Bechtel 2004, S.37) Doch die französischen Floskeln, die sie in eher ungrammatischer Weise von sich gibt, wirken eher wie aufgeschnappt. Zudem wendet sie diese grammatikalisch Falsch an. Sie sagt „mon scher mama" (I,3), was eigentlich „machèremama" heißen müsste und benutzt hier das falsche Pronomen

Die Afteraufgeklärten „verwenden [...] gerne französische Wendungen, um ihre Weitläufigkeit und Bildung zu betonen, können diese aber nicht aussprechen oder verwenden sie falsch." (Strauss 2010, S.360) Ein weiteres Beispiel hierzu gibt es in Szene II,2 als Hedwig das Wort ‚vapeurs' „Won-pers" ausspricht. Auch ihr Gebrauch des Englischen offenbart ihre Halbbildung: „Mr. John will supwithus." (II, 5)

„Die junge Generation ist sich zwar sicher, dass Jiddisch nicht mehr ihre Sprache ist und spricht Deutsch. Die Sicherheit der sprachlichen Identitäten der älteren Genration ist ihnen aber verwehrt, sie wechseln noch häufig zwischen verschiedenen Sprachebenen hin und her." (Strauss 2010, S.356) So entschlüpfen ihr beispielsweise gelegentlich „jiddische Ausdrücke, meist im Selbstgespräch oder wenn sie sich an ihre Eltern wendet." (Gruschka 2004, S.61) Ein Beispiel ist Szene III,1: „Alle fun die schefeile!" (Alle von dem ordinären Ding?).

---

[7] Figur aus dem gleichnamigen Roman *JulchenGrünthal* (1784) von Friederike Helene Unger.

2.3 DER AUFGEKLÄRTE HELD: MARKUS

„Der Gegenpol [zu RebHenoch], d.h. die Verkörperung der wahren Aufklärung, der reinen ursprünglichen Ideale der Haskala, wird von dem Doktor, dem Studenten Markus [...] verkörpert." (Strauss 2010, S.354) Der Name Markus wird in der Literatur der Haskala als typischer Namen für den aufgeklärten jüdischen Helden verwendet. (vgl. Bechtel 2004, S.27) Schon bei seinem ersten Auftritt beschreibt Euchelihn als „offen, mit Anstand" (I,9) Er spricht ausschließlich reines Hochdeutsch, das freilich nach der damaligen Mode mit französischen Wendungen gespickt ist. Auch sonst drücken sie sich sehr gewählt aus, was aber meist farblos wirkt (vgl. Strauss 2010, S.358): „Meine Aufführung soll Ihnen nie Veranlassung geben, es zu bereuen." (I,10) Er bleibt zudem stets freundlich und höflich, auch zu Henoch, obwohl dieser ihn abwertend behandelt (beispielsweise in Szene II,12).

Gruschka sagt über die Aufgeklärten, dass sie im Gespräch mit den traditionellen Juden ganz vereinzelt einmal einen jiddischen Ausdruck gebraucht

„dies aber nur als rhetorisches Mittel und auch um der Verständlichkeit willen. [...] Ein solches Verhalten ist, wie schon erwähnt, auch von Moses Mendelssohn überliefert. Dabei handelt es sich um die bewußt und gezielt eingesetzte Leutseligkeit des Gebildeten, der um seine intellektuelle Überlegenheit weiß." (Gruschka 2004, S.61)

3. FAZIT

Mit seiner Aufklärungskomödie *RebHenoch* stellt Euchel „ein geradezu naturalistisch anmutendes Bild von den vielschichtigen sprachlichen Sozialisationen ‚gewöhnlicher' Berliner Juden um 1800" dar. (Gruschka 2004, S.45) Er setzt „eine hohe Bandbreite von Sprachkompetenzen ein, um die verschiedenen Rollen zu definieren und mit Leben zu füllen." (Strauss 2010, S.352) „Die Sprache der Figuren entspricht jeweils ihrem Stand und ist durch dialektale Einschläge, umgangssprachliche Wendungen oder berufsspezifische Besonderheiten näher charakterisiert." (Och 2010, S.291) Es ist immer auch „ein gesellschaftlicher Bezug zu erkennen, eine Tendenz zur Konkretisierung der Sprache im Soziolekt." (Och 2010, S.290) „Personen werden durch ihre linguistischen Eigenheiten charakterisiert" (Strauss 2010, S.355)

„In der Verwendung der verschiedenen Sprachen und Sprachebenen", zeichnet Euchel „aber auch die tatsächlich stattfindenden sprachlichen (Um)brüche und Konflikte [seiner] Zeit nach, der gleichzeitig auch ein Konflikt zwischen den Generationen ist." (Strauss 2010, S.356)

Doch die „erstaunlichste und originellste Leistung der Haskala-Komödie besteht zweifellos im Umgang mit dem Jiddischen, das in feinen und feinsten Nuancierungen eingesetzt wird, um die Figuren gegeneinander abzugrenzen und ihren Status zu bezeichnen." (Och 2010,

S.290) Es gelingt „eine so genaue Modellierung von jiddischen Gesten und Wendungen, dass ein fast schon naturalistisch anmutendes Sprachrelief entsteht." (Och 2010, S.290)

Die Konfrontation der beiden Autoritäten, die die Struktur der Komödie bestimmt, sind auf der einen Seite „das jüdische Gesetzt, mit seinen vielen Vorschriften und Interpretationen, Bibelstellen und Kommentaren (die wiederholt von Henoch zitiert werden)", auf der anderen Seite diejenigen „geleitet vom Prinzip der Aufklärung, dem Ideal des Emanzipation des Individuums, den allgemeinen Werten des Humanismus und den staatlichen Prinzipien der Gesetzmäßigkeit und der Justiz." (Bechtel 2004, S.29) Dabei erscheint der Gebrauch einer nicht-jüdischen Sprache „als Teil eines kulturellen Integrationsprozesses, während die Verwendung ‚jüdischer Sprachen' gleichbedeutend mit einer eigenständigen Kultur und Identität ist." (Roemer 2002, S.11) Zudem baut er sogar dialektale und fremdsprachige Idiome, die nicht aus dem Jiddischen kommen mit in seinen Text ein.

„Je stärker die ‚Vermischung der Sprachen', die eine Gestalt zeigt, desto ungebildeter und unreiner ist sie geistig und moralisch." (Bechtel 2004, S.37) Strauss sagt hierzu, dass „die Sprachkompetenz […] letztendlich die inneren Werte eines jeden Menschen [wieder spiegelt]." (Strauss 2010, S.365) Das Stück „propagiert aufklärerische Ideale" und prangt „gleichzeitig die falsch verstandene Aufklärung oder sogenannte ‚Afteraufklärung' an." (Strauss 2010, S.352)

„Mit dieser Hervorhebung der sprachlichen Sphäre will Euchel zeigen, daß sich die Menschen nicht verständigen werden, solange sie sich nicht auf universelle Werte einigen, welche eine allgemein gültige Philosophie, Ökonomie, Ethik oder Sprache begründen könnte." (Bechtel 2004, S.41)

„Seine Komödie *RebHenoch, oder: Woß tut me damit*, fand zudem Anklang auch jenseits des Kreises der jüdischen Aufklärer." (Aptroot et al. 2010, S.7) So wurde die „innovative Strategie der verschiedenen Sprachformen und Spracheben auch zu Prototyp für weitere zeitgenössische Stücke." (Strauss 2010, S.361)

4. Literaturverzeichnis

Aptroot, Marion/ Gruschka, Roland (2010): *Jiddisch. Geschichte und Kultur einer Weltsprache.* München: C.H. Beck Verlag.

Aptroot, Marion/ Kennecke, Andreas/ Schulte, Christoph (Hrsg.) (2010): *Isaac Euchel: Der Kulturrevolutionär der jüdischen Aufklärung.* Hannover: Wehrhahn Verlag.

Bechtel, Delphine (2004): *Hybride Sprache, Zwittergestalten: Kulturen im Kontank in einer jüdischen Komödie der Aufklärungszeit.* In: Euchel, Isaak: RebHenoch, oder. Woß tut me damit. Eine jüdische Komödie der Aufklärungszeit. Textedition von Marion Aptroot und Roland Gruschka. Tübingen: Buske Verlag, S.19-44.

Euchel, Isaak (2004): *RebHenoch, oder. Woß tut me damit. Eine jüdische Komödie der Aufklärungszeit.* Textedition von Marion Aptroot und Roland Gruschka. Tübingen: Buske Verlag.

Feiner, Shmuel (2010): *Isaak Euchel und die jüdische Kulturrevolution im 18.Jahrhundert.* In: Aptroot, Marion/ Kennecke, Andreas/ Schulte, Christoph (Hrsg.): Isaac Euchel: Der Kulturrevolutionär der jüdischen Aufklärung. Hannover: Wehrhahn Verlag, S.13-27.

Gruschka, Roland (2004): *Der Sprachenkosmos in RebHenoch und die Sprachverhältnisse der Berliner Haskala.* In: Euchel, Isaak: RebHenoch, oder. Woß tut me damit. Eine jüdische Komödie der Aufklärungszeit. Textedition von Marion Aptroot und Roland Gruschka. Tübingen: Buske Verlag. S.45-66.

Kennecke, Andreas (2007): *Isaac Euchel – Architekt der Haskala.* Göttingen: Wallstein Verlag.

Och, Gunnar (2010): *Die Komödie der Berliner Haskala – soziokulturelle Bedingungen und theatrale Muster.* In: Aptroot, Marion/ Kennecke, Andreas/ Schulte, Christoph (Hrsg.): Isaac Euchel: Der Kulturrevolutionär der jüdischen Aufklärung. Hannover: Wehrhahn Verlag, S.278-293.

Roemer, Nils (2002): *Sprachverhältnisse und Identität der Juden in Deutschland im 18.Jahrhundert.* In: Brenner, Michael (Hrsg.): Jüdische Sprache in deutscher Umwelt. Göttingen: Vandenhoeck und Ruprecht, S.11-18

Strauss, Jutta (1999): *Aaron Halle Wolfssohn. Ein Leben in drei Sprachen.* In: Anselm, Gerhard (Hrsg.): Musik und Ästhetik im Berlin Moses Mendelssohns. Tübingen: Niemeyer Verlag, S.57-75.

Strauss, Jutta (2010):*Isaak Euchel und Aaron Halle-Wolfsohn – Strategien literarischer Mehrsprachigkeit.* In: Aptroot, Marion/ Kennecke, Andreas/ Schulte, Christoph (Hrsg.): Isaac Euchel: Der Kulturrevolutionär der jüdischen Aufklärung. Hannover: WehrhahnVerlag, S.341-365.